Hallo!

In den Geschichten findest du an einigen Stellen Profifragen zum Text.

Deine Antworten kannst du mit einem Lesezeichen überprüfen. Das findest du ganz hinten im Buch.

Es ist dein Lösungsschlüssel!

MIX
Papier aus verantwortungsvollen Quellen
FSC® C084279

Erschienen bei FISCHER Duden Kinderbuch

Lektorat: Sophia Marzolff
Fachberatung: Ulrike Holzwarth-Raether
Gestaltungskonzept: Farnschläder & Mahlstedt, Hamburg
Layout: Michelle Vollmer, Mainz
Umschlaggestaltung: Mischa Acker, Brühl

Druck und Bindung: Print Consult GmbH, München
Printed in Slovak Republic
ISBN 978-3-7373-3252-1

Leseprofi

Abenteuergeschichten

zum gemeinsamen Lesen

Luise Holthausen

mit Bildern von Dirk Hennig

FISCHER Duden Kinderbuch

Inhalt

Niko bei den Dinosauriern

Niko baut eine Zeitmaschine.

Er will mit ihr

in die Zukunft fliegen.

Spät am Abend gehen

PAPA und MAMA schlafen.

Endlich!

Jetzt kann Niko starten.

Vorsichtig drückt er

den Starthebel nach vorne.

BRUMM,

schon rattert die Maschine los.

Lauter bunte Farben

wirbeln um Niko herum:

Blau und ROT,

Rosa und LILA.

Dann ein Ruck.

Das Wirbeln hört auf.

UFF!

Wo er wohl gelandet ist?

OOOH!

Niko sieht Vulkane und Berge.

Am Himmel fliegt ein großes Tier.

„Bist du ein Vogel?“, fragt Niko.

Das Tier macht KRA RA

und schüttelt beleidigt den Kopf.

„Bist du etwa ein Flugsaurier?“,

fragt Niko weiter.

Das Tier nickt.

JAP!

Profifrage 1

Erkennst du den Flugsaurier?

Na so was!

Niko ist also gar nicht

in die Zukunft geflogen,

sondern zu den DINOS!

Aufgeregt erklärt Niko:

„Ich bin der NIKO

und nenne dich PIKO.

Wollen wir Freunde sein?“

JAP!

Piko nickt

und schlägt vor Freude

mit den Flügeln.

Gemeinsam erkunden NIKO und PIKO die Dinowelt.

Piko zeigt ihm alles:

einen großen SEE,
einen hohen BAUM,
ein tiefes TAL.

Auf einmal bebt die Erde.

OJE!

Sie sind auf einem

Brontosaurus gelandet.

„Ist er gefährlich?“,

fragt Niko besorgt.

Piko beruhigt ihn.

KRA RA.

Der Brontosaurus ist riesig.

Ihm knurrt der MAGEN.

Er frisst Unmengen von Zweigen.

Danach kratzt er sich

an einem Baumstamm.

RUMS, da fällt der Baum um!

Immer mehr Dinos trampeln herbei.

Sie wollen alle

Niko kennenlernen.

TAPP, TAPP.

Profifrage 2

Welches ist der Raptor?

OJE,

da ist auch ein Raptor!

Mit seinen scharfen Zähnen

schnappt er nach Piko.

OJE,

sein Freund ist in Gefahr!

Niko reißt den Starthebel

aus der Zeitmaschine und wirft.

Der Hebel trifft den Raptor

mitten auf die Nase.

Er heult: **AUA AUA**

und flüchtet zurück in den Wald.

Piko ist gerettet.

Aber OJE,

nun ist der Starthebel weg!

Niko und Piko suchen überall.

Profifrage 3

Wo suchen sie?

SIE SUCHEN IM GRAS.
SIE SUCHEN IM SEE.
SIE SUCHEN IM WALD.

Der Hebel bleibt verschwunden.

WAS NUN?
WAS TUN?

Wie kommt Niko zurück nach Hause?

Kann Piko ihm beim Starten helfen?

Mit den Krallen packt Piko

die Zeitmaschine und fliegt los.

HUI,

geht das schnell!

Wieder wirbeln Farben durcheinander:

BLAU und ROT,

ROSA und LILA.

Niko ist wieder zu Hause!

Gleich morgen baut Niko

einen neuen Hebel.

Dann geht er wieder auf die Reise.

JUHU!

Das alles kannst du schon lesen!

PAPA

MAMA

NIKO

PIKO

DINOS

SEE

BAUM

TAL

MAGEN

BRUMM

UFF

OOOH

KRA RA

JAP

OJE

HUI

RUMS

AUA

TAPP, TAPP

SCHNAPP

BLAU

ROT

ROSA

LILA

SIE SUCHEN IM GRAS.

SIE SUCHEN IM SEE.

SIE SUCHEN IM WALD.

WAS NUN?

WAS TUN?

Die geheimnisvolle Spur im Garten

LINA wohnt

in einem gelben Haus.

JAN wohnt nebenan

im roten Haus.

Heute will Lina

im Garten Blumen gießen.

Da hört sie ein Rascheln.

WAS ist das?

Profifrage 1

Welche Farbe hat Jans Haus?

Lina lauscht.

Das Geräusch kommt

aus dem Gartenhaus.

WER ist da?

Lina schleicht zum Gartenhaus.

Dort findet sie NUR

eine kleine SPUR.

Seltsam!

Das Gras ist platt.

Und da!

Der Löwenzahn ist ausgerupft.

Tapp, tapp, tapp.
WAS ist das?
Tapp, tapp, tapp.
WO ist das?

Jemand rennt weg!

WER ist das?

Lina kann ihn nicht sehen.

„HE, DU!“, ruft sie.

Lina rennt hinterher.

Doch sie ist zu spät.

Niemand ist mehr da.

NA, SO WAS!

Aber da liegen Schnipsel.

Ist das etwa

eine geheime Botschaft?

Lina setzt sie zusammen.

Lina liest:

SALAT und TOMATEN.
KIWI und BANANEN.

Es ist ein Einkaufszettel!

Profifrage 2

Was steht nicht auf dem Zettel?

Lina liest noch mehr:

FU… und …ER.

Der Rest fehlt leider.

Was kann das heißen?

Piep, piep!

Beim Gartenhaus

picken viele Vögel im Gras.

PIEP!

Amseln, Spatzen

und Meisen.

WARUM sind sie

auf einmal alle hier?

MAMA fragt:

„Wer hat die ganzen

Körner verstreut?“

Niemand weiß es.

PAPA fragt:

„Wo ist der Schlüssel

zum Gartenhaus?“

Niemand weiß es.

Es wird Abend.

Die Sonne geht unter.

Lina legt ihre Taschenlampe

neben das BETT.

Profifrage 3

Wohin legt Lina die Taschenlampe?

Draußen raschelt es

schon wieder.

Tapp, tapp, tapp.

IST DA JEMAND?

Mit ihrer Lampe rennt Lina

HINAUS zum Gartenhaus.

Vorsichtig öffnet sie

die TÜR.

Schnell die Lampe an!

Vor Lina steht JAN.

Vor Schreck fällt ihm

der Schlüssel aus der HAND.

„Was machst du hier?“,

will Lina wissen.

„Pst, verrat uns nicht“,

flüstert Jan.

Es raschelt.

Da sieht Lina das Kaninchen.

Es sitzt in einer Kiste

und mümmelt Löwenzahn.

Neben dem Kaninchen

steht eine Schachtel.

Lina liest:

FEINES FUTTER.

Jan hat also

das Kaninchen versteckt!

Aber WARUM?

WIESO?

Jan erklärt:

„Bei mir zu Hause darf

kein Kaninchen wohnen.“

ABER WARUM? WIESO?

Weil Jans Mama

dann immer niesen muss.

Armer Jan, armes Häschen.

Lina hat eine IDEE.

Lina rennt ins HAUS.

Sie flüstert

mit Mama und Papa.

Dann kommt sie zurück.

LINA lacht.

„Das Kaninchen darf bleiben.

Du darfst es immer besuchen!“

Da lacht auch JAN.

Das alles kannst du schon lesen!

LINA

JAN

MAMA

PAPA

WO

WAS

WER

WARUM

WIESO

KIWI

SALAT

TOMATEN

BANANEN

FEINES

FUTTER

NA, SO WAS!

NUR

HINAUS

OH!
PST!
PIEP!
NANU?
HE, DU!
ABER
BETT
TÜR
HAND
HAUS
SPUR
IDEE
IST DA JEMAND?

Leseprofi von Duden – von Anfang an richtig

1. Klasse

Jeweils 48 Seiten, gebunden.

Total verrückt nach Fußball
ISBN 978-3-7373-3217-0

Ein Fohlen kommt zur Welt
ISBN 978-3-7373-3220-0

Die Jagd nach dem Museumsdieb
ISBN 978-3-7373-3219-4

Prinzessin Elli macht, was sie will
ISBN 978-3-7373-3214-9

2. Klasse

Jeweils 64 Seiten, gebunden.

Drachenjagd für Anfänger
ISBN 978-3-7373-3216-3

Spuk auf Burg Finsterfels
ISBN 978-3-7373-3211-8

Klassenfahrt mit Hindernissen
ISBN 978-3-7373-3233-0

Lennart, Titus und die Reise zum Mars
ISBN 978-3-7373-3234-7

Alle Duden Leseprofis finden Sie unter **www.duden-leseprofi.de**

Leseprofi

Leseprofi

Klebefläche

Klebefläche